Homme nième

Gardner F. Fox

Writat

Cette édition parue en 2023

ISBN : 9789359250908

Publié par
Writat
email : info@writat.com

MANNth
Par GARDNER F. FOX

Il se tenait seul dans le laboratoire, effrayé, regardant les minuscules grains de poussière qui tourbillonnaient légèrement dans la brise. Cette poussière était un bloc de plomb solide il y a un instant ; avant de l'avoir touché et de se concentrer.

Jonathan Morgan s'est léché les lèvres avec une langue sèche. Des choses pareilles ne devraient pas arriver à l'assistant du chef de la Fondation nationale pour la recherche en physique. Cela allait à l'encontre de toutes les lois qu'il avait étudiées avec tant d'attention au cours des douze dernières années, depuis qu'il avait décidé au lycée de faire de la physique l'œuvre de sa vie.

« Je suis fou », se dit-il, sachant qu'il était tout à fait sain d'esprit ; c'était ce qui l'effrayait, connaissant sa santé mentale.

Il sortit un tube à essai en verre d'un support en bois devant lui, le saisit fermement et fronça les sourcils devant ses yeux noirs et clairs. Si cela fonctionne, pensa-t-il sauvagement, je pourrai jeter toutes les lois de la physique et de la chimie organique aux ordures et devenir un clochard chevauchant les barres du premier train quittant la ville.

Le verre dans ses mains s'étira sensiblement ; a grandi et s'est étendu jusqu'à atteindre la taille d'une pinte, jusqu'à la taille d'un conteneur d'un litre.

" *Dieu!* "

Le verre s'est brisé sur le sol en linoléum marqueté. Jonathan étendit ses grandes mains et s'accrocha au bord de la table en grès jusqu'à ce que ses muscles se regroupent en grandes crêtes tout le long de ses avant-bras poilus.

"Dr Wooden!" » cria-t-il d'une voix rauque. "Dr Wooden!"

Un grand homme est venu et s'est tenu dans l'embrasure de la porte, le regardant, vêtu d'une blouse blanche avec les manches retroussées pour découvrir ses poignets.

"As-tu appelé... Jonathan ! Qu'est-ce qui ne va pas ?"

Le chef courut vers lui, les yeux fixés sur son visage blanc, les traits tendus.

"Vous avez eu un choc. Dites-moi, les rayons ont-ils réagi comme nous l'espérions ?"

"Non, non. Ce ne sont pas les rayons. C'est moi. Je—je suis *infini* !"

Le Dr Wooden sourit et dit : " Asseyez-vous, mon garçon. Vous avez travaillé trop dur. Vous avez besoin de repos. Oubliez tout le calcatryte et la façon de plier les rayons qu'il émet. Vous avez besoin d'un changement. Peut-être le rivage. Ou mon chalet de montagne dans les Adirondacks."

Jonathan Morgan se redressa, secoua la tête et marmonna : « Non, non. Son cerveau s'éclaircissait et il savait avec une sinistre certitude que quelque chose d'important lui était arrivé, pour une raison. Il souleva un autre bloc de plomb et le regarda.

« Observez-le, Docteur. Surveillez le scénario. »

Le bloc de plomb frémit étrangement, subissant une étrange transformation. Ses contours sont devenus flous et vagues. Il rétrécit, se dissout ; sont devenus des morceaux infinitésimaux de poussière dans la paume de Morgan. Jonathan se pencha et souffla sur la poussière qui s'envola.

Il regarda le docteur Wooden avec un sourire ironique.

"Je peux tout faire, Docteur. Je peux grandir ou devenir petit. Je peux détruire ou je peux—créer !"

"Eh bien," souffla le chef avec rafale. "Je te crois presque. Ouf ! Mec, te rends-tu compte des vastes perspectives qui s'ouvrent à toi ? Avec un pouvoir comme celui-là... oh, mon Dieu ! Comme je suis banal après avoir vu-ça !"

"Ça vous étourdit en quelque sorte," acquiesça sèchement Jonathan. « Docteur, pensez-vous que ce cadeau m'a été offert pour une… raison ?

Le chef jeta un coup d'œil aigu à son assistant, puis hocha légèrement la tête.

"Vas-y, Jonathan. Dis-moi ce que tu penses."

Jonathan Morgan arpentait l'allée du laboratoire, son grand corps gracieux comme une panthère qui traque, ses grandes épaules mal ajustées à la blouse de laboratoire tachée. C'était un grand homme. Le football de conférence et le baseball avaient ajouté des muscles souples au corps qui étaient son héritage d'une famille d'agriculteurs. Des cheveux noirs, coupés en ras du cou au-dessus d'un visage bronzé aux joues hautes, et des yeux noirs comme du charbon, alertes comme un chat qui l'observe, ajoutaient à son apparence de forme physique.

"Je connais ce pouvoir depuis hier soir," dit-il lentement. "Nous étions sur le pont de Mme Gordon, vous vous souvenez ? J'étais assis là avec cette fameuse tasse sur les genoux, souhaitant ne pas avoir à la boire, quand mon esprit est devenu vide. Absolument vide.

"C'était comme être suspendu dans un coffre-fort sombre, avec quelqu'un travaillant sur votre esprit. Je pouvais *sentir* ce qu'ils - ou *cela* me faisait. Oh, ça ne faisait pas mal. C'était juste un sentiment de - conscience. Comme même si quelqu'un m'opérait avec des instruments de télépathie. Sachant exactement quoi faire, et s'y rendant et en finir rapidement. Lorsque la sensation a disparu, j'étais toujours assis là. Je n'avais pas bougé, et personne n'avait Je n'avais rien remarqué, cela avait été accompli dans un laps de temps incroyablement court.

"Je me souviens d'avoir regardé le thé dans la tasse et d'avoir souhaité de tout mon cœur que ce soit une boisson forte. Et quand je l'ai porté à mes lèvres, c'était juste ça : la meilleure liqueur que j'ai jamais goûtée de ma vie.

"J'avais besoin de cette boisson. Surtout si l'on considère que c'était une boisson. Puis j'ai cru entendre une voix qui me murmurait de loin. Je suis resté assis et j'ai écouté. Mais la voix, ou quoi que ce soit, ne pouvait pas" " Je n'ai pas réussi à me joindre. Il a essayé désespérément de me dire quelque chose, mais la connexion était mauvaise. Il a abandonné après un moment. "

Jonathan prit la cigarette que le médecin lui avait tendue et en tira une bouffée, debout dans un coin de soleil, les yeux fixés sur le sol.

"Sur le chemin du retour, je me suis demandé ce qui s'était passé. J'ai pensé que peut-être quelqu'un m'avait fait cadeau de formidables pouvoirs mentaux. J'ai levé les yeux vers la lune et je me suis posé des questions à ce sujet.

"L'idée m'est venue : pourquoi ne pas me concentrer sur la Lune, et voir ce qui allait se passer. C'était pour être un test, voyez-vous.

"Je me suis concentré, d'accord.

"La prochaine chose que j'ai su, c'est que je me tenais dessus. Et oh, mon garçon ! La Terre est sacrément grande, elle regarde vers le haut ou vers le bas."

Le chef s'est étouffé avec la fumée de cigarette. Il haleta finalement. "Tu veux me dire que tu étais sur la lune ?"

"C'était la lune, d'accord. Je sais. Moi aussi, je suis revenu ici sur la terre ferme en toute hâte. Il y a des choses sur notre satellite...

"Ce matin, j'ai essayé de détruire la matière. Vous avez vu comment cela fonctionnait. J'ai essayé de faire grandir les choses. Cela fonctionne aussi. Il est illimité, ce pouvoir. Tout ce qui est illimité est… infini."

Le docteur Wooden mit sa cigarette dans un bol d'eau. Jonathan tourna la sienne par la fenêtre et la regarda se baisser. Ils restèrent silencieux, fronçant les sourcils. Le docteur Wooden se réveilla lentement.

"Tu peux transformer ce don en le plus grand bienfait que le monde ait jamais connu pour l'humanité, Jonathan. Tu peux enquêter sur les mystères scientifiques à la source. Tu pourrais trouver des remèdes. Tu pourrais—"

Jonathan agita une grande main.

"Je sais. J'ai pensé à tout cela. Mais je suis inquiet. J'ai le sentiment que ce pouvoir m'a été donné dans un certain but. Pour me permettre de faire quelque chose d'encore plus grand. Aucune force que nous connaissons n'aurait pu Cela m'a fait subir cela. Cela vient de l'extérieur, au-delà de la Terre. Cela *doit* être le cas. Il y a quelque chose là-bas qui a besoin – ou veut – de moi. Peut-être que cette voix a effectivement été introduite dans quelques suggestions subconscientes, après tout. D'où qu'elle vienne, Je devrais trouver cette voix.

"Vous pourriez explorer l'univers", murmura pensivement le Dr Wooden.

"Je devrai peut-être le faire. Je vais fouiller tout l'espace si nécessaire. Je ne peux pas me retenir. Peut-être que la voix l'a implanté aussi. Une envie d'aller là-bas parmi les étoiles et de le chercher. L'envie de voyager. C'est une chose comme la soif et la faim, qui fait partie de vous. »

« Quand comptez-vous partir ?

"Ce soir. Tout de suite, peut-être. Pourquoi attendre la nuit ? Oh, mon Dieu, je ne sais pas quoi dire, quoi penser. Mais j'y vais."

Le Dr Wooden l'attrapa par le bras et l'entraîna dans la pièce voisine. C'était un laboratoire plus petit, dépouillé mais doté de longues tables chromées avec des berceaux métalliques suspendus à des trépieds posés sur leur dessus. Dans chaque berceau se trouvait un bloc de formation rocheuse cristalline, semi-transparente, avec de fines veines de couleur irisée s'entrelaçant les unes avec les autres pour former d'étranges motifs dans les profondeurs laiteuses.

"Tu es jeune, Jonathan, et tu as de l'imagination. Je n'essaie pas de te dissuader. Je veux juste que tu y réfléchisses."

Il posa ses mains sur les rochers des berceaux. Ces pierres étaient de la calcatryte , draguées accidentellement avec une pelle au large de la Grande Barrière de Corail et envoyées à la Fondation Nationale pour être testées.

Le Dr Wooden se mordit les lèvres. Jonathan savait quelle retenue il faisait preuve. Cet institut de recherche était le rêve de son cœur, avec ses salles de marbre et ses sols de laboratoire en linoléum, ses tables chromées. Il avait deux choses dans sa vie : l'Institut et sa théorie. Et Jonathan faisait partie des deux.

Sa théorie était la suivante : quelque part dans le monde, il existe un élément, une substance, qui émettrait de la lumière *directe* comme l'une de ses propriétés. Une lumière qui ne se courbait pas comme toute lumière. Une lumière qui, de par sa rigidité même, traverserait la structure atomique d'une autre matière par la simple énergie de ses photons, se frayant un chemin dans une chose en arrachant les électrons de leurs lits. Une lumière pour démoder tous les instruments de coupe et de sciage ; un rayon facile à manipuler et peu coûteux à exploiter.

De nombreux éléments qu'ils avaient testés et essayés ; beaucoup ont été testés, beaucoup ont été mis de côté. Quand on avait apporté le calcatryte , ils n'avaient même pas espéré. Mais *elle* émettait une lumière directe.

"C'est à vous que revient le mérite, Jonathan", disait le médecin. "Vous avez fait beaucoup de choses. C'est votre découverte, le faisceau de tungstène qui a chauffé les roches à un niveau suffisamment élevé pour en arracher ces rayons. Des rayons incurables . Une série de lignes de lumière inflexible. Je vais exploiter cette lumière, bientôt."

"Je sais. Mais il y a cette envie en moi. L'envie de voyager."

"Vous abandonnez beaucoup de choses. La renommée. Peut-être la fortune."

Jonathan sourit un peu et dit : "Peut-être que j'ai reçu beaucoup plus en échange."

" Bon sang, Jonathan. Qu'est-ce qui m'arrive ? Je suis *jaloux* , mon garçon. Si j'étais à ta place, je donnerais un coup de pied dans les côtes à n'importe quel vieux crétin qui essaierait de me dissuader de vivre la plus grande expérience de l'histoire. " l'histoire de l'humanité!"

Jonathan posa sa grosse main sur l'épaule de l'autre et la serra fort. Le chef sortit son mouchoir et se moucha.

"Allons-y," dit-il d'une voix rauque. "Ça ne sert à rien de rester ici plus longtemps. Pas quand tu peux y aller, là où tu vas."

C'était un samedi après-midi. Il n'y avait personne dans la grande cour entre les bâtiments. Ils marchaient le long d'un chemin, fumant ensemble leurs adieux ; se dirigea vers le quad.

Jonathan entra sur la pelouse. Il se pencha, se déshabilla et tendit ses vêtements et ses chaussures au Dr Wooden.

"Je t'ai laissé une lettre", dit-il. "Et une procuration. Je ne sais pas quand je reviendrai. Ou... si."

Jonathan se tourna, se redressa ; la lumière du soleil brillait sur les tons blancs de sa chair, ombrageant les côtes et les crêtes musculaires de ses bras et de ses jambes, de ses épaules et de son ventre. Il leva les bras et son visage se durcit sous l'effort de concentration.

En regardant, le Dr Wooden a étouffé une malédiction. Sous ses yeux, la forme de Jonathan Morgan s'étendait, grandissait. Sa substance gonflait et ondulait vers l'extérieur dans un vaste nuage de minuscules particules de matière chatoyantes et scintillantes de teintes opalescentes.

« Il a transformé sa structure en gaz », marmonna-t-il.

Le gaz qui était un homme a été balayé vers le haut et en avant à la vitesse de la pensée elle-même.

II

La nuit éternelle brillait de noir et de velours, parsemée de points bleu-blanc pâle. Tout autour s'étendait le vaste univers ; silencieuses, mais vivantes de soleils éclatants et de grands orbes qu'étaient les planètes, connues et inconnues. Ici grouillait la vie aux confins d'un vaste espace.

Et comme un éther immortel et vivant, Jonathan Morgan s'est précipité vers l'extérieur dans cet espace. Des météores noirs l'ont traversé sans lui faire de mal. D'une manière ou d'une autre , il en prit conscience, sachant qu'ils ne faisaient que repousser les composants gazeux de sa forme ; qu'après leur passage, son corps reprit sa forme antérieure. Il savait qu'ils ne pouvaient pas lui faire de mal ; mais pourquoi, il l'ignorait.

Les particules de matière infiniment petites qui étaient Jonathan Morgan gonflèrent, grossirent et s'étendirent. Il s'envola de haut en bas à la vitesse de la pensée. Il a grandi et s'est élevé, et la Terre s'est effondrée sous la course folle de cet étrange géant galactique.

Il passa rapidement sur Mars, jetant un regard curieux sur ses canaux, apercevant des villes à moitié ensevelies sous d'anciens fonds marins. Au-delà de la ceinture d'astéroïdes, il trouva Jupiter gelé et Saturne avec son anneau, et vit d'étranges formes de vie qui faisaient vivre des existences sur des mondes glacés.

En un instant, il survola Pluton et la planète sombre au-delà. Il y avait ici aussi une vie étrange et extraterrestre. Pas de chair, mais une autre forme de matière. Il pensait vaguement qu'il aimerait l'étudier, mais il n'en avait pas le temps.

Car l'appel qui avait été vague sur Terre était désormais devenu péremptoire, invocateur.

En réponse à cet appel, il s'enfuit dans un courant de gaz qui semblait chuchoter alors qu'il filait à travers les vides froids de l'espace.

En quelques secondes, il dépassa les limites les plus éloignées du domaine de Sol, en constante expansion...

Proxima, l'étoile la plus proche de Sol, brillait sur son passage. Au-delà, il pouvait voir Alpha Centauri, immense et brillant. Les autres stars aussi, reconnut-il. Car il était désormais parmi les traînées d'étoiles, et Sol était un point derrière lui.

Et à mesure qu'il s'envolait, à mesure que sa taille grandissait et grandissait jusqu'à chevaucher mille mondes, l'appel devenait plus clair. Il *savait* maintenant qu'il avait été invoqué depuis la Terre ; savait que devant lui se trouvait une intelligence exigeant sa présence.

Ils savaient qu'ils avaient été convoqués, que loin devant quelque chose exigeait leur présence.

Insensé, il se jeta dehors, à la recherche des mondes étranges et parfois terribles qui défilaient devant ses yeux. La vie extraterrestre, apparaissant sur des planètes si éloignées de la Terre qu'elles étaient inimaginables, a vécu et est morte sous son regard alors qu'il passait.

L'appel fut enfin clair.

Il disait : "Créature de la troisième planète du soleil nommée Sol. Écoutez-moi. Vous avez bien fait de me trouver, très bien. Tournez votre regard dans cette direction, Terrien. Un peu plus loin. Oui, juste là.

"La planète jaune pâle . Vous la voyez ? Alors dépêchez-vous, rejoignez-nous. Car nous avons besoin de toutes les aides que l'univers contient. Dépêchez-vous, Terrien !"

Il tournoya vers la ceinture atmosphérique de l'orbe ambré qui tournoyait paresseusement autour d'un double soleil. Alors même qu'il resserrait son corps, il capta un scintillement d'étranges lumières noires sur le côté, au coin de ses yeux. Ils frémissaient et palpitaient et touchaient presque la planète jaune.

Puis il se contracta, rapprochant les grains et les particules de son corps, s'élançant vers une vaste étendue de pelouse verte et de bâtiments blancs arrondis qui s'étendaient gracieusement sur des kilomètres et des kilomètres de terre.

Les flammes noires brûlaient, oubliées.

Il se remit légèrement sur pied sur la pelouse lisse et la sentit céder sous ses pieds.

"Félicitations", dit une voix grave derrière lui, et Jonathan se retourna.

Un gigantesque lézard lui faisait face. Il mesurait quinze pieds de haut, possédait des jambes puissantes et un corps massif et blindé . La grande tête reptilienne se tourna légèrement vers lui, et les yeux de chaque côté des larges narines étaient vivants d'intelligence.

"Tu... tu es un reptile !" Jonathan haleta.

"Et vous, un homme", répondit la créature.

Jonathan sourit et dit : "Je pense que j'étais préparé à n'importe quelle forme de vie sauf la vôtre. Même la pensée pure, ou les êtres de formation de base sans carbone. Je—hmm. Il me semble que nous nous comprenons assez bien."

Le reptile parut perplexe, puis grogna.

" J'avais oublié que vous veniez de la Terre. La Terre est une jeune planète. Ses... ah... ses habitants n'ont pas fait les progrès de certains de nos autres voisins. C'est pourquoi... pourquoi vous avez été un peu changé. Je vais vous en parler. , plus tard.

"Mais maintenant, vous devez venir avec moi et vous reposer. Même si votre corps n'est pas affecté, votre esprit a été soumis à une terrible tension de concentration. Cela provoquerait une réaction à moins d'être reposé. Vous voyez, vous n'avez pas encore certaines - ah - facilités. Être tel que tu es est trop nouveau. »

"Qu'est-ce que je suis au juste ? Je comprends votre langage, ou vos pensées, et j'ai fait des choses que j'aurais jugées impossibles, il y a deux semaines."

"Tu vas apprendre. Maintenant tu dois te reposer."

<hr>

Jonathan marchait avec le bûcheron le long d'une allée de pierre concassée entre des haies tombantes avec des fruits aux couleurs éclatantes. Devant eux brillait un bâtiment, d'un blanc translucide dans les rayons brûlants du grand double soleil maintenant bas à l'horizon.

"Les formes de vie varient", a expliqué le grand reptile. "Ici, sur Neeoorna, la vie des reptiles qui s'est éteinte sur Terre a prospéré. Elle a évolué plus rapidement, en raison des conditions atmosphériques et autres. Son intelligence a suivi le rythme. Dans d'autres systèmes, il y a des choses de pensée, il y a des êtres avec de l'hélium liquide dans leurs veines, il y en a d'autres qui n'ont aucune veine.

" Et puis, pour vous remonter le moral, il y en a encore d'autres qu'on pourrait bien nommer des hommes. Ce sont des hommes aussi. Ils sont ce que vous appelleriez des humains. Ils ont des corps exactement semblables au vôtre. Vous les rencontrerez. Toutes sortes de des êtres vivants vivent sur Neeoorna ces jours-ci.

Sa voix était lourde. Jonathan lui lança un rapide regard compatissant.

"Quelque chose ne va pas?"

Le reptile secoua sobrement la tête en disant : « Vous apprendrez, avec le temps. »

Une épaisse porte de verre s'ouvrit sans bruit tandis que Jonathan et le Neeoornien s'en approchaient. Ils passèrent dans des salles fraîches de marbre vert veiné, si brillamment éclairées que Jonathan le remarqua.

"Filaments de verre contenant des gaz de dioxyde de carbone électrifiés exsudés par des plantes spécialement élevées. Le dioxyde de carbone émet une lumière très semblable à la lumière du jour ordinaire. Nous l'avons perfectionné jusqu'à ce que notre lumière intérieure et extérieure soit la même."

Une pièce arrondie dont les murs bleus frais reflétaient la chaleur et absorbaient l'humidité contenait des chaises et des tables si semblables aux produits Earth que Jonathan avait commencés.

"Ils ressemblent à un rêve futuriste, mais ils ressemblent remarquablement aux nôtres", a-t-il reconnu.

"C'est la Cour des Conseillers pour les bipèdes. Les autres cours sont naturellement différentes, étant adaptées aux besoins individuels des différents visiteurs que Neeoorna accueille. Si vous ou un Zarathzan pénétriez dans certains d'entre eux, vous mourriez instantanément de froid. et des gaz mortels ou une chaleur terrible. Autrement dit, à moins que vous n'ayez été prévenu de ce à quoi vous attendre.

Jonathan resta un moment perplexe à ce sujet. Aucune connaissance préalable n'a rendu le froid mortel plus chaud, ni transformé les vapeurs nocives en air pur. Il haussa les épaules. Il doit être fatigué, après tout. Peut-être qu'un repos était ce dont il avait besoin.

Le reptile désigna Jonathan vers un canapé en verre recouvert de la fourrure tachetée d'une bête de la jungle. Cela avait l'air doux. Cela l'a invité, bêtement. Jonathan se laissa tomber dessus et étendit les jambes.

" Les Néeoorniens m'appellent Shar Bytu ", dit le reptile en le regardant. "Si vous avez besoin de quoi que ce soit, mentionnez mon nom. Dites-leur que vous êtes le représentant de la Terre."

Jonathan savait que ses paupières cachaient la vue du grand lézard. Il essaya de marmonner des remerciements, mais une douce torpeur s'insinua en lui, embrassant son cerveau, son cerveau fatigué, fatigué. Il était *tellement* fatigué....

Une main douce sur son avant-bras le réveilla ; le releva brusquement, alarmé, comme une panthère.

La jeune fille qui se penchait au-dessus de lui recula effrayée, ses yeux violets écarquillés, ses narines fines dilatées, un cri planant sur sa bouche rouge et humide. Elle regarda Jonathan de nouveau et lut l'admiration rapide dans ses yeux, et sourit.

"Tu m'as fait peur," accusa-t-elle doucement, ses lèvres indécises entre une moue et un sourire. "Tu es si grand, si fort, comme une chose à griffes tachetée de mon Zarathza natal ."

C'était donc un Zarathzan . Jonathan la trouvait belle à regarder. Sa peau était d'un lavande pâle, si délicatement rougie qu'elle semblait d'un satin étrange et rare. Ses cheveux étaient noirs et enroulés en couronnes autour de sa tête intelligente et bien faite. Ses yeux profondément brillants étaient brillants de rire et Jonathan pensait que sa bouche serait parfaite pour les baisers.

"Nous ne sommes pas des combattants, nous les Zarathzans . Au moins avec nos corps, comme vous les Terriens", dit-elle en le regardant de côté. "Cela fait longtemps que notre espèce n'est plus… des bêtes."

Jonathan sourit énormément.

"Ça fait longtemps qu'une fille ne m'a pas appelé comme ça. Ça doit être quelque chose à propos de moi."

"Oh," murmura précipitamment la jeune fille en posant une main douce sur son bras, "je ne veux pas l'offenser. Parfois j'admire les... bêtes."

Eh bien, il s'en sortait. Il était parfaitement conscient de sa main chaude sur son avant-bras. La jeune fille comprit sa pensée ; rougit un peu et se leva.

"Shar Bytu m'a envoyé vers toi", l'informa-t-elle.

"Mes remerciements à Shar Bytu ", répondit Jonathan en jetant la fourrure et en se levant. Quelqu'un l'avait habillé pendant qu'il dormait. Il portait un pantalon fin qui collait à ses chevilles et se gonflait vers l'extérieur à mesure qu'il remontait. Une large ceinture en cuir était bien ajustée autour de sa taille. Sa grande poitrine était nue. Des sandales en fourrure protégeaient ses pieds.

La jeune fille était également vêtue, avec le ventre nu et un licou de fourrure blanche autour de ses seins.

"C'est l'habit universel des conseillers de notre genre", a déclaré la jeune fille. "D'autres portent des vêtements différents. D'autres encore n'en portent pas, n'ayant pas de relations sexuelles."

"Je m'appelle Jonathan Morgan. Les Zarathzans , euh, ont-ils des noms ?"

"Idiot. Bien sûr. Je m'appelle Adatha Za."

Jonathan sourit et dit : " Heureux de vous connaître. Et maintenant que les présentations sont terminées, supposons que vous me révéliez le grand secret d'ici. Qu'est-ce que je fais sur Neeoorna ? "

Adatha Za fut surprise.

Bytu ne l'a pas dit... mais peut-être m'a-t-il laissé cela, vu que je ne suis pas un... reptile."

Jonathan l'a regardée et a ri : "Je suis vraiment content que ce ne soit pas le cas", et il a remarqué qu'Adatha Za , dont la civilisation était bien au-delà de celle de la Terre, avait l'air ravie.

Ils se dirigèrent vers un balcon donnant sur un parterre de fleurs écarlates dessinées entre des bandes d'herbe verte. De grandes lumières brillaient dans l'obscurité de la nuit néoornienne du haut des parapets, éclairant la scène devant eux. Et haut dans le ciel, noires et se déplaçant sur le bleu du ciel étoilé, d'étranges ombres se poursuivaient entre les étoiles.

Adatha Za leva un bras nu et désigna cette grande tache dans le ciel. Son bras tremblait contre Jonathan alors même qu'elle le montrait, et il lisait une peur intense dans ses yeux et dans les coins tombants de sa bouche écarlate.

"Vous voyez ces flammes noires ? Personne ne sait ce qu'elles sont. Elles nous tuent, une à une, lorsque nous tentons de les combattre. Elles grandissent. Elles ont déjà mangé une des lunes de cette planète. Bientôt elles atteindront Neeoorna . lui-même - en effet, ils ont dépassé la limite du ciel . Et après Neeoorna , ils mangeront les soleils jumeaux , ainsi que d'autres soleils et d'autres planètes. Zarathza et la Terre aussi. Il n'y aura rien au-delà des flammes noires, Terrien. Il mangera notre univers tout entier!"

Jonathan était conscient que sa colonne vertébrale le picotait en levant les yeux. Il ressentait au plus profond de lui l' *étrangeté de ces* ténèbres dansantes . Ils n'appartenaient pas à l'univers connu. Ils venaient de quelque part à l'extérieur, d'un autre monde. Si différent de la Terre que leur simple présence sonnait le glas de tout ce qui était normal dans son monde. Non cachés, ils avaient émergé d'un espace plus profond et voyageaient à travers le sien, avançant inexorablement, comme des flammes de feu léchant un papier fin.

L'épaule nue de la jeune fille pressa la sienne, tremblante.

"J'ai peur, Terrien", murmura-t-elle. « Quand je pense à Zarathza sur le chemin de ces fléaux de l'enfer, je… oh, je ne sais pas comment le dire !

"Oui," répondit-il sobrement. "Ce n'est pas agréable non plus de penser que la Terre attend son tour. Ne sachant pas. Heureux jusqu'à ce que la réalisation vienne—"

Terre! C'était si loin, si sûr et si accueillant. Ignorant ce danger qui s'étend à des millions d'années-lumière, un danger menaçant l'extinction des hommes et de leurs activités, rongeant comme un monstre vivant les soleils et les planètes. Jonathan passa un bras autour de la jeune fille ; la tenait contre lui. Seuls, ils se tenaient ensemble, impressionnés.

La jeune fille leva la tête et sourit en tremblant. Elle secoua la tête et ses cheveux lui effleurèrent les épaules.

"Oublions-les", s'éclaira-t-elle. "Je réussis plutôt bien. C'est juste que, parfois, je me sens déprimé."

"Je me sens moi-même déprimé. Personne ne sait rien d'eux ? Quelqu'un ne peut-il pas penser à quelque chose ?"

Adatha Za s'appuya contre la balustrade en marbre du balcon et le regarda et dit : « Tu es grand et fort. Que ferais-tu à quelque chose qui te menace ?

"Je me battrais", grogna-t-il.

"Nous nous battons aussi. Mais notre adversaire gagne toujours. Et quand nous nous battons, nous mourons toujours."

Adatha Za soupira. En la regardant, voyant la bouche doucement courbée qui ne faisait pas vraiment la moue, les narines fines et droites et les yeux profonds et sombres bordés de longs cils, Jonathan réalisa qu'elle était une fille rarement belle. Il eut soudain l'impression d'avoir été frappé violemment sous les côtes.

"Te voir me donne envie de combattre quelque chose," sourit-il en riant un peu. "C'est drôle, je n'ai pas ressenti ça depuis que je suis au lycée. C'est comme le petit garçon qui fait des sauts périlleux devant la jolie petite fille qui vient d'emménager à côté. Je suppose que je n'avais jamais remarqué la petite fille auparavant."

Adatha Za le regarda, ses yeux sombres allumés ; mais ses sourcils fins se relevèrent, légèrement interrogateurs.

"Quelques sauts périlleux ? Qu'est-ce que c'est ?"

"Oh, juste une façon de se montrer. Baisse la tête et... là, je vais te montrer."

Il tomba sur le carrelage du balcon et tomba. À mi-chemin, il se retrouva à regarder à l'envers une grande silhouette qui le regardait avec incrédulité. Jonathan rougit vivement et atterrit violemment.

Il était assis là et se sentait idiot.

Adatha Za sursauta, reprenant son souffle dans sa gorge.

Jonathan inspira profondément. Il y avait une étrange malignité dans les yeux de cet homme qui se tenait devant l'entrée voûtée et le regardait. Malignité et mépris, et ses lèvres minces ricanaient avec le dédain livide qui l'émouvait.

"Tu cherches juste des ennuis, Mac," dit-il doucement en se levant. "Je n'ai pas l'habitude d'être regardé comme ça."

L'homme se tenait droit et hautain, mais ses yeux brillaient. Jonathan avait l'impression qu'on lui avait craché dessus. Il s'avança ; sentit la main d' Adatha Za sur son bras, le serrant fort.

"Voici Morka Kar, Jonathan. Il est de Zarathza . Voici le Terrien, Jonathan Morgan."

Le Zarathzan n'inclina pas la tête. Il lança un regard irrité à Adatha Za, puis se tourna vers Jonathan.

"Les invités de Shar Bytu se sont rassemblés pour rencontrer le barbare", a-t-il lancé. "Il m'a envoyé voir s'il était réveillé. Je vois qu'il l'est. Ayez la bonté de lui montrer le Temple, Adatha Za."

Il pivota sur ses talons et s'éloigna. Jonathan frémit et fit un pas après lui, mais la jeune fille à côté de lui le tira par le bras en disant : « C'est toujours sa manière. Il est brusque et si maître côté lui-même que tout ce qui ressemble à la gaieté l'agace.

Jonathan grogna. Ses lèvres qui étaient dures s'adoucirent lentement.

"Ce bébé implorait juste un crochet du gauche", grogna-t-il. "Et quelque chose me dit qu'il l'aura aussi."

" Morka Kar est un grand scientifique. Je suis venu avec sa suite de Zarathza pour aider à combattre les flammes. "

"Je ne l'aime toujours pas !" Jonathan inspira profondément et demanda : « Il… il n'est pas ton mari ? Mon pote, je veux dire. Ou… ton fiancé ?

Adatha Za a ri.

"Vous utilisez des expressions surannées. Mais je suis vos pensées. Non, ce n'est pas mon mari, ni mon fiancé. Mais il me *veut* . Vous voyez, sur Zarathza, je suis *tapu* . Juré de recherche scientifique, interdit d'épouser un Zarathzan .
"

Jonathan y réfléchit un instant. Il lui jeta un coup d'œil de côté et sourit, "Et qu'en est-il d'un… Terrien ?"

Adatha Za lui pinça le bras et rit : « À strictement parler, il n'y a rien contre cela. Zarathza n'a même jamais entendu parler de la Terre jusqu'à récemment !

<hr>

III

Le Temple de l'Ambassade brillait d'une beauté éthérée sous les rayons des cinq lunes de Neeoorna . Ses piliers d'ivoire levaient des doigts fins vers le dôme de basalte noir. À sa périphérie, une cour voûtée encerclait l'entrée où ses massives portes métalliques étaient ornées de griffons accroupis.

Jonathan et Adatha Za empruntèrent les couloirs magnifiquement marbrés et entrèrent dans une salle de conseil profonde et agrémentée de sièges. Il s'arrêta sur le seuil et regarda fixement.

Sur des bancs blanc sel , les représentants de mille mondes se tournaient et le regardaient. Il y avait des reptiles de Neeoorna , des Zarathzans teintés de lavande , des créatures blouses de la lointaine Sarboola , des choses pensées de galaxies lointaines, des Tartuliens éthérés et d'étranges bêtes noires qui avaient l'intelligence du génie. Contre un mur, des enceintes vitrées abritaient des êtres venus de planètes si froids qu'ils avaient besoin d'une réfrigération artificielle pour vivre ici. Près du côté opposé de la chambre, des vases en verre fumants contenaient d'autres formes de vie dont la structure avait besoin d'une chaleur énorme pour exister.

Il y avait une haute tribune ronde en métal scintillant dressée comme un trône au centre de la pièce. Shar Bytu se tenait là , dominant les centaines de personnes rassemblées. Il y eut un éclair de son avant-bras verdâtre, et Jonathan s'avança.

"Approchez-vous de nous, Jonathan Morgan", a appelé Shar Bytu . "Nous, de Neeoorna et les mondes de nos univers, vous attendions. Vous êtes la seule créature terrestre que nous avons pu contacter, même si nous en avons essayé plusieurs. Venez nous rejoindre."

Alors qu'il descendait l'allée, Jonathan jeta des regards de côté aux êtres totalement extraterrestres qui se tenaient debout et le regardaient. Ici et là, cependant, il en voyait d'autres comme lui et les Zarathzan . Humains. Des hommes à deux bras et deux jambes. Des femmes aux silhouettes souples et aux bouches rouges et douces. Il se sentit un peu plus chaud et leva la tête après les avoir vus.

Il monta les marches et se tint à côté de Shar Bytu . Le reptile hocha la tête, souriant quelque peu.

"Nous avions placé de grands espoirs en vous. Terrien. Sous vos yeux, vous voyez des créatures perplexes et émerveillées teintées d'un quasi-désespoir. Les flammes ténébreuses sont un mystère et une menace pour nous. Nous avions espéré - nous avions espéré fortement que vous pourriez apporter la solution à leur étrange mortalité. Je sais maintenant qu'ils sont aussi étranges avec vous qu'avec nous.

"Il y a plus que ces flammes qui me paraissent étranges", répondit Jonathan d'un air sombre. "Le premier sur la liste est la façon dont j'ai réussi à arriver ici. D'où j'ai obtenu tous ces pouvoirs délicats—"

"Ça", désapprouva Shar Bytu d'un geste de sa main à six griffes. "Ce n'est qu'une simple explication. Vous la comprendrez quand je vous le ferai remarquer. Vous n'êtes que le but ultime de l'évolution."

"Oh," acquiesça Jonathan, se demandant s'il avait l'air vide.

"Quel est le but ultime de l'évolution sinon la perfection ?" reprit le reptile. "Sur Terre, la nature a expérimenté les dinosaures, les oiseaux, les poissons. Un par un, elle les a rejetés parce qu'ils n'étaient pas aptes à survivre dans leur environnement. Mais pendant tout ce temps, la nature apprenait. Elle faisait des progrès. Elle testait et rejetait. Les reptiles et les premières formes d'oiseaux, de poissons et d'insectes ont été jetés à la poubelle. La nature savait qu'il manquait quelque chose.

"Elle a créé l'homme. Elle a donné à l'homme la capacité inhérente de s'adapter à n'importe quel environnement. Elle a donné à l'homme un cerveau, un cerveau qui dégageait de l'énergie sous forme de pensée. Une énergie mesurée. Une énergie électrique. Une énergie qui peut être mesurée et représentée graphiquement. Mais la Nature, prodigue dans ses dons, l'a également été avec l'esprit de l'homme. Elle a donné à l'homme neuf millions de cellules cérébrales, bien plus qu'il n'en a jamais utilisé. Seul un grand génie a utilisé 1 pour cent de ces cellules !

"Alors pourquoi la Nature était-elle si prodigue ? Chez l'homme, elle avait atteint son summum absolu. Il ne restait plus à l'homme qu'à perfectionner l'énorme puissance insoupçonnée de son cerveau. Par la pensée ! En envoyant des faisceaux de pensée pure et solide, en puisant dans ces millions de cellules cérébrales pour obtenir le pouvoir ultime, le pouvoir qui rendrait l'homme parfait !"

Jonathan ferma les yeux en frissonnant. Il ouvrit les yeux et regarda Shar Bytu .

"Comment sais-tu tout cela ?" Il murmura.

Il pensait au plus profond de lui-même, effrayé, aux changements dans le continuum espace-temps, à des éternités inimaginables qui auraient pu s'être écoulées depuis son dernier départ de la Terre. Cette Terre était vieille au-delà de toute pensée—

Shar Bytu rit : "Non, je n'ai pas le don de prophétie, et je ne répète pas l'histoire. Sauf par analogie. Car comme la nature nous a traité de cent seize soleils, ainsi la nature traitera l'homme. La nature et l'évolution sont inexorables." , étant liée au temps, elle produira ainsi l'homme parfait, l'homme absolument adapté à son propre environnement.

"Nous, de Neeoorna, vous avons fait cela, par certaines... ah... méthodes. Nous vous avons opéré par des moyens connus de nos scientifiques depuis des lustres. Lorsque nous avons un atavar dans nos cliniques, nous ouvrons pleinement son esprit pour lui permettre de se débarrasser de tout. C'était un lien avec les âges passés. Il en était de même pour vous. Ce n'était pas difficile.

"En conséquence, vous êtes un homme immunisé contre tout danger. Vous avez un contrôle absolu sur votre corps, sur les objets inanimés qui existent autour de vous. Une fois que vous êtes conscient du danger qui vous menace, vous pouvez l'éviter en organisant ainsi les groupements électroniques au sein de votre corps. corps soit pour fusionner et se fondre avec le danger, soit se durcir en un bouclier d'antidote ou de correctif.

"Bien sûr, à mesure que votre cerveau évoluait, il avait besoin du corps pour le nourrir, pour lui donner de l'énergie. Le corps est ainsi devenu une partie essentielle de celui-ci. Mais le corps a également changé, le corps réagit à n'importe quel environnement, comme un élément nécessaire. corollaire du cerveau.

"En bref, vous êtes l'évolution ultime. Il est devenu l'outil parfait de l'esprit. Il a fait *tout ce* que l'esprit lui ordonnait. Donc de la troisième planète du Soleil Duryu . Ou Sol."

Jonathan inspira profondément. Il savait avec la plus profonde conviction qu'il avait entendu la vérité, aussi bizarre soit-elle. Ce n'était plus un homme. Il le savait, en lui-même. Il était aussi bien au-dessus de l'homme, ou le serait maintenant, avec l'étude, que les hommes l'étaient au-dessus des Néandertaliens. Il était l'homme ultime. L'homme dans sa dernière étape. L'homme multiplié par tous les pouvoirs en place. L'homme au *nième* degré.

Homme n *ème* !

"Maintenant que je suis là, je t'ai laissé tomber," grogna-t-il d'une voix rauque.

"Pas encore. Oh, non. Beaucoup d'entre nous ont échoué. Ils ne sont plus ici. Nous espérons toujours que vous pourrez, à partir de vos expériences sur Terre, nous construire un édifice sur lequel nos scientifiques pourront trouver un indice, une allusion. " Tout ce que nous demandons, c'est une idée de ce à quoi nous sommes confrontés. Juste une pensée. Un petit indice.

"Mais maintenant, vous devez voir comment nous nous battons contre nous-mêmes."

Un être gigantesque et bulbeux, un ventre de poisson blanc en raison de la lourde formation de nuages qui enveloppait sa planète natale à cinq années-lumière de Neeoorna , se leva. Il tourna ses yeux aux multiples facettes vers la tribune.

"Shar Bytu ", entonna-t-il d'une voix sonore, "je demande le droit de test pour nous, de la planète Moratoyo . Nous chercherions à lancer une pluie d'atomes sur les flammes. Nous avons récemment apporté des améliorations à notre ancienne arme—"

Shar Bytu hocha la tête et sa main griffue amena un maillet en ébène sur la chaire en palissandre où il se tenait.

" Ainsi accordé. Séance ajournée. Les invités de Neeoorna se retrouveront sur le terrain d'essai. "

En silence, les scientifiques quittèrent leurs sièges. Jonathan aperçut Adatha Za parmi les délégués de Zarathzan et courut vers elle. Sa main se blottit chaleureusement dans la sienne. Elle lui lança ses yeux sombres et sourit.

"Je ne suis plus à ma place ici qu'un athée dans une église", a-t-il déclaré. "Reste à moi. Je dois encore me repérer."

Ses doigts se tendirent sur les siens, les serrant. Il l'entendit murmurer : « Je le ferai.

Le terrain d'essai s'étendait en demi-cercle derrière une grande pelouse verte. A l'extrémité nord du vaste champ, un arc de terrasses de marbre blanc élevait vers le ciel des colonnes roses. Au-dessous des piliers s'étendaient des bancs de marbre, désormais rapidement remplis d'émissaires.

Les Moratoyons se dirigèrent vers un canon étincelant encastré dans le béton au centre du champ poussiéreux derrière la pelouse. Le canon brillait d'un blanc étrange, avec deux dômes rouges surmontant sa culasse et équipé de chaque côté de boutons et de leviers. Il frémit et brillait dans la brume thermique qui se déplaçait sur les sables mouvants.

Jonathan sentit Adatha Za se presser contre lui avec la cuisse et l'épaule. Elle étouffa un murmure à ses oreilles : « C'est leur pistolet atomique. Il ne peut pas être comparé à d'autres que nous avons vus, mais s'ils l'ont amélioré… » Sa voix se brisa dans un sanglot silencieux. "Nous espérons que cela fonctionnera. Mais nous avons... peur."

Jonathan pouvait presque ressentir l'anxiété et l'espoir autour de lui comme un être vivant. Des êtres-pensés quelque peu transparents de Sallarsee aux hommes-robots de Kankang , chacun restait vigilant ; sombre, intentionnel. Ceux qui avaient des lèvres les tendaient pour former des lignes fines. Ceux qui avaient les yeux les plissèrent dans l'expectative. Les autres flottaient ou restaient debout, tranquilles.

Les Moratoyons sur le terrain se sont déplacés rapidement. Ils ont serré les freins et les leviers et les ont verrouillés ; roues tournées et cadrans tordus. Du berceau d'acier et de ciment où il reposait, le grand cylindre de métal blanc terne leva lentement, presque avec précaution, son nez arrondi et le pointa vers le ciel.

"Il projette des atomes surchargés de photons lumineux", murmura Adatha Za.

Le scientifique en chef de Moratoyo fit une pause et regarda Shar Bytu , qui hocha la tête. Le Moratoyon se retourna en criant durement, regardant ses hommes bondir vers les cadrans de tir.

L'un après l'autre, les cadrans tournaient.

Le percuteur a été touché.

"Dieu!" » s'étrangla Jonathan d'une voix rauque, le regardant avec horreur.

Là où autrefois le pistolet se tenait brillant et brillant, il y avait une légère brume rouge qui pendait près de la terre, battant sanglante dans le flot des lampes à arc au dioxyde de carbone comme si elle bouillonnait de vie. Puis il a commencé à se dissiper alors qu'une légère brise soufflait sur le champ.

Il y avait un petit trou dans le sol, là où se trouvait le pistolet.

Jonathan prit lentement conscience de la main d' Adatha Za qui s'accrochait comme un étau à son poignet gauche. Il la regarda, vit ses yeux convulsivement fermés ; J'ai vu deux larmes couler sous ses longs cils noirs.

Sa bouche rouge et humide trembla tandis qu'elle murmurait : "Ils échouent tous. Tous. Comme ça. Un instant, ils sont là. Puis ils sont partis. C'est presque comme s'ils se détruisaient eux-mêmes."

Jonathan passa un bras autour de ses épaules nues et la serra contre sa poitrine.

« Bougez-vous, » râla-t-il. "Nous ne sommes pas encore léchés. Eh bien, bon sang ! Nous n'avons pas encore commencé à nous battre !"

Il a vu Morka Kar se moquer de lui depuis deux sièges du stade, sa bouche fine se courbant dans un mépris fanatique. Il sentit la haine monter en rouge dans les yeux de l'homme. Jonathan montra les dents en réponse à cette raillerie féroce et tacite.

Il dit, assez fort pour que le Zarathzan l'entende : "L'un de nous trouvera un moyen. Nous y sommes obligés. Il y a une clé pour cette énigme. Il doit y en avoir une. L'univers ne peut pas se terminer - pas comme ça -"

"Peut-être", dit Morka Kar d'une voix forte, "le Terrien pourrait amuser les ombres en... culbutant ?"

Jonathan n'a su que plus tard qu'Adatha Za avait tendu la main pour le retenir. Il s'éloignait comme un sprinter, et son gros poing gauche se levait rapidement. Son poing frappa Morka Kar, un peu sur le côté de sa mâchoire.

Il fit tourner la tête du Zarathzan en arrière, le souleva de ses pieds et le laissa tomber trois sièges plus bas.

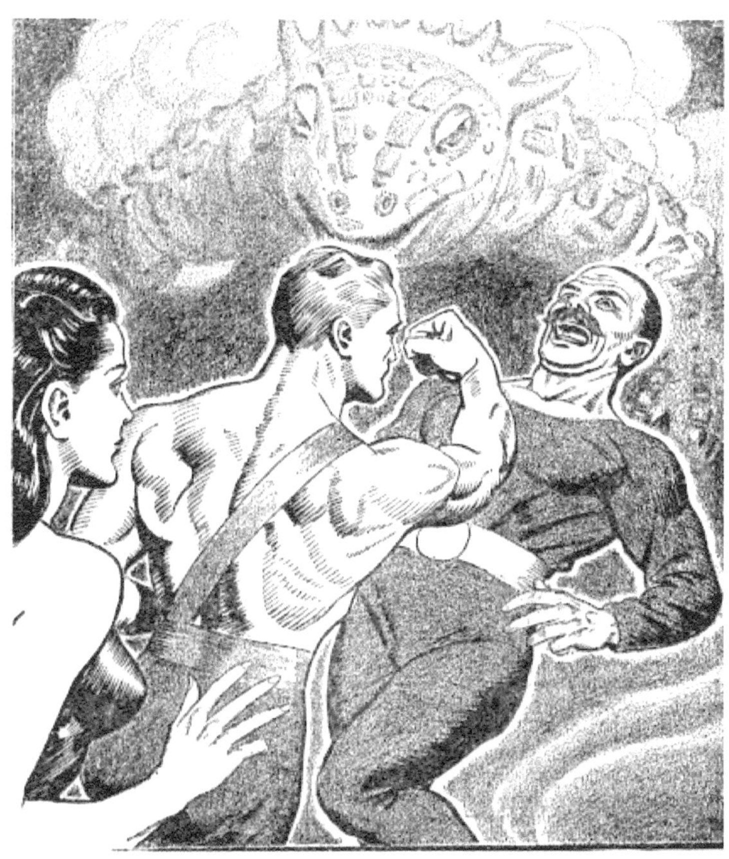

Morka Kar était allongé là, immobile. Jonathan sourit énormément et se frotta les jointures. Au bout d'un moment, il commença à comprendre que les autres le regardaient avec une horreur totale.

Adatha Za haleta et sanglota, puis vint se tenir silencieusement à côté de lui, sa main douce tendant la main vers son poing. Elle tenait haute sa tête sombre et ses yeux brillaient de défi.

"Une bête-"

"...inutile d'attendre de l'aide de choses encore gouvernées par l'émotion-"

"—une erreur. Shar Bytu ne devrait pas—"

Il entendait les murmures et les chuchotements, mais Adatha Za parlait en disant : " Morka Kar l'a insulté avant la convocation de l'assemblée. Il n'est pas comme nous, ce Terrien. Il se bat quand il est attaqué ! "

Shar Bytu se dandinait en avant, son visage reptilien grave. Il cligna des yeux un peu curieux vers Jonathan.

"Nous ne pouvons pas avoir de troubles entre nous", a-t-il déclaré. "Nous avons besoin de calme scientifique et philosophique pour faire face à la menace fantôme."

"Ce n'est pas ce qu'il a dit," dit doucement Jonathan. "C'est la façon dont il l'a dit. Il le demandait."

"Demander quoi ?" » Shar Bytu , perplexe, regardait autour de lui.

Le reptile, remuant sa tête lourde pour chercher ce que Morka Kar avait demandé, parut à Jonathan inconsciemment drôle. Il sourit et fut ravi.

Il dit : "Je suis désolé. Je ne veux pas interrompre un rassemblement comme celui-ci. Apparemment , mon action vous semble quelque chose de primitif. Je ne le vois pas du tout de cette façon. Je n'ai pas demandé à être amené ici, ou qu'on lui donne les pouvoirs pour faire le voyage. Maintenant que je suis là, cependant, je ferai tout ce que je peux pour aider. Naturellement. Mais aucun Zarathzan ne me marchera dessus quand il en aura envie. "

Un grognement lui répondit. Morka Kar se relevait de manière instable, aidé par deux robots métalliques goqualiens .

"Shar Bytu ", fulminait le Zarathzan , secouant les mains qui le tenaient. "Cela fait bien longtemps qu'un être de mon rang ne s'adonnait pas au combat personnel, mais je souhaite rencontrer ce Terrien. Juste nous deux. Face à face, esprit à esprit, en monomachie mentale ! "

Adatha Za est devenue blanche. Shar Bytu avait l'air gravement mécontent.

Shar Bytu murmura : "J'avais espéré apprendre quelque chose de l'homme terrestre..."

Jonathan l'interrompit : "Vous concèdez tous la victoire à Morka Kar. Peut-être que oui, peut-être pas. Ce n'est pas seulement ce que je veux dire, cependant. La principale chose qui nous occupe est le problème des flammes, ou des ombres.

"Même si je déteste l'admettre, j'ai bien peur de ne pas être d'une grande aide contre eux. Vous voyez, lorsque vous m'avez donné les pouvoirs d'évolution ultime, mes connaissances scientifiques et autres n'ont pas suivi leur rythme. Il y a des milliers d'hommes de la Terre qui auraient fait de meilleurs ambassadeurs que moi. Apparemment, j'étais plus psychique, peut-être plus malléable dans la structure cérébrale, qu'eux. Je ne prétends pas connaître le pourquoi et le comment de cela. Je suis ici et je Je suis content d'être là. Si je peux aider, je le ferai.

"Mais même si je déteste l'admettre, je suis hors de moi. Ces ombres, ou quoi que ce soit là-bas dans l'espace, me dépassent. Alors si vous me perdez - ce que j'espère que ce n'est pas le cas - vous je ne perds pas grand-chose."

Jonathan prit une profonde inspiration ; " Un poète sur Terre a dit un jour quelque chose à propos de ne pas aimer une femme qu'il aime, il ne l'honore pas davantage. Eh bien, j'aime l'univers, mais je ne me cache derrière aucun danger lorsqu'un homme veut me combattre pour une femme. J'aime."

Il entendit la respiration accélérée d' Adatha Za ; sentit sa main toucher son bras et le serrer. Il se tenait là, la main sur le bras, et regardait autour de lui, les êtres pensants, les hommes-robots et les reptiles. Sur quelques visages, sur ceux de ceux qui ressemblaient le plus à des hommes, il lut de graves applaudissements. Sur les traits des autres, une attention vide, comme s'il parlait de géologie à un singe. Ils ne parvenaient tout simplement pas à comprendre son point de vue.

Mais Morka Kar l'a fait, et il a grondé. Sa bouche maussade se tordit et ses yeux brillèrent férocement alors qu'il regardait d' Adatha Za à Jonathan.

"Encore une chose", grinça Jonathan, et il regarda Morka Kar droit dans les yeux, "Je suis peut-être un animal, mais j'en connais d'autres qui possèdent des caractéristiques animales, peu importe comment ils s'appellent à tort."

Morka Kar combattit dans les bras métalliques des hommes-robots qui le flanquaient. Shar Bytu se tourna et le fixa d'un œil froid.

"Tu seras tranquille, Zarathzan ," murmura-t-il d'un ton glacial. "J'entends depuis longtemps vos railleries envers l'un ou l'autre membre de notre groupe. Jusqu'à présent, la députation de Zarathza n'a pas tenté d'attaquer les flammes, bien que j'en ai entendu de nombreux mots."

Morka Kar se calma rapidement.

"La monomachie mentale se produira demain à cet endroit. D'ici là, j'interdis à Morka Kar et au Terrien de se rencontrer. Si un malheur arrive à l'un d'eux, l'autre le paiera de sa vie. Veillez-y."

Il se tourna et s'éloigna en se dandinant. Morka Kar jeta un coup d'œil à Jonathan, puis suivit le reptile. Les autres se divisèrent en groupes, transmettant silencieusement des pensées perplexes.

Adatha Za s'assit sur le banc de pierre et leva les yeux vers lui, et sa bouche rouge était triste. Ses yeux, sous les franges sombres de ses cils, l'accusaient.

"J'avais espéré qu'un jour tu viendrais rendre visite à Zarathza avec moi", dit-elle doucement. "Maintenant vous-"

"Maintenant, rien n'a changé", sourit Jonathan en se laissant tomber à côté d'elle et en prenant ses douces mains entre les siennes. "Shar Bytu m'a rendu infini, n'est-ce pas ? Comment Morka Kar peut-il me faire du mal ?"

Ses yeux s'écarquillèrent d'inquiétude. "Mais Morka Kar est également infini, comme vous le dites. Il combattra votre esprit. Vous ne connaissez pas les sciences que Morka Kar connaît. Ne sachant pas ce qu'il peut faire contre vous, vous serez impuissant. Il étourdira votre cerveau, rendez-le fou, alors – détruisez-le.

"Si je ne peux pas penser aussi vite que ce sac à vent d'intimidation, je suis prêt à être détruit."

Adatha Za avait l'air ennuyée. "Il ne s'agit pas de réfléchir *vite* , même si cela entre en jeu. Il s'agit plutôt de savoir comment s'opposer aux armes que Morka Kar va créer pour vous combattre."

"...qu'il va *créer* ?"

"Certainement. Autrefois sur Zarathza , les hommes portaient des épées et des boucliers. Plus tard, ils utilisèrent des fusils à percussion, et plus tard encore, des désintégrateurs atomiques. Mais au fil des années et à mesure que la vie sur Zarathza évoluait, on découvrit que ces armes n'étaient d'aucune utilité. utiliser contre un esprit entraîné qui pourrait tirer un éclair de force mentale contre l'arme pour la détruire. Alors les hommes sont allés nus au combat et là ils ont rapidement imaginé leurs armes, par la seule force de l'esprit. Leurs adversaires ont rencontré leurs créations mentales avec des défenses et armes qui leur sont propres. Plus l'arme était inhabituelle, plus il était facile de décider du vainqueur.

Jonathan siffla.

"Mes idées sur les armes s'arrêtent à une arme automatique de calibre .45. Une épée est inutile. Un arc et des flèches aussi. Ou une lance. Vous dites que Zarathza avait des désintégrateurs atomiques il y a longtemps, hein ?"

La jeune fille frissonna.

« Aujourd'hui, les désintégrateurs atomiques ne sont visibles que dans les musées », murmura-t-elle. "Et vous, les Terriens, ne les avez même pas. Lallista ! Vous êtes un homme mort qui se promène."

"Hé," rigola Jonathan, lui attrapant les bras et la tirant pour lui faire face. "Rassurez-vous. Je ne connais peut-être pas grand-chose aux armes, mais je parie que j'ai encore un tour ou deux dans mon sac. Je montrerai à ce sac à vent où il descend. Attendez. Vous verrez."

Ses yeux suppliaient les siens de se rassurer. Elle s'approcha de lui et sa bouche se transforma en un sourire.

« Vous… vous plaisantiez, alors ? Vous connaissez des armes dont vous n'avez pas parlé ?

"Bien sûr", se vanta-t-il gaiement. "Beaucoup d'entre eux. Des coups de poing américains. Des dominos au galop. Un ginrickey . Un Mickey Finn . Les Brooklyn Dodgers."

"Je suis tellement heureuse", murmura-t-elle. "Cela me fait me sentir tellement mieux."

Elle ne vit pas son froncement de sourcils alors qu'elle marchait avec lui à travers la composition blanche en direction de leurs quartiers d'invités. Il ne pensait pas à lui. Il se demandait ce que Morka Kar lui ferait après en avoir fini avec lui.

"Tout de même", disait la jeune fille, "je pense que je vais vous montrer quelques-unes des armes que Morka Kar peut utiliser. Celles, du moins, que je connais. Nous irons nous asseoir ensemble sous les lunes, et je le ferai." enseignez-les-vous l'un après l'autre."

Jonathan regarda sa bouche rouge et sourit. "Je vais aussi te montrer une arme. Sur Terre, nous appelons ça un… baiser."

La nuit était chaude et les lunes qui traversaient le ciel néoornien jetaient un pâle éclat sur les jardins où étaient assis Adatha Za et Jonathan Morgan. Entre ses jambes se trouvait une boîte remplie de bandes de métaux aux couleurs étranges, de flacons de produits chimiques brillants, ternes et irisés, de conteneurs et de compartiments de tubes et d'alliages.

"C'est à partir de ceux-ci que Morka Kar fabriquera ses armes", dit-elle en doigtant les objets devant elle. "À partir des menthes fournies par le coffre de la monomachie , il pourra vous lancer arme après arme. Par exemple, ceci - à partir de cela, il fabriquera un magnétiseur moléculaire qui amènera les molécules qui composent votre corps à s'attirer les unes les autres. que votre corps se rétrécira sur lui-même (assumez la densité d'une étoile naine) et tombera à travers la terre jusqu'au centre de cette planète ! Ou avec cela, il pourrait former un rayon qui est aussi chaud que le soleil le plus chaud de l'univers. Il ne peut pas " _ _

Jonathan écoutait consciencieusement. Il était dans cette situation au-dessus de sa tête, et aucun bachotage de dernière minute ne l'aiderait. Il faudrait des années pour assimiler ces connaissances. Il n'abandonnait pas, mais il réalisa que s'il gagnait, ce serait par une méthode purement terrienne , et non par une étude des armes de Zarathzan .

Il regarda Adatha Za. Il posa ses mains sur ses douces épaules et la tourna vers lui. Ses yeux étaient interrogateurs.

"Nous avons aussi une arme sur Terre", murmura-t-il. "C'est un baiser. Est-ce que vous, les Zarathzans, avez le baiser ?"

Les sourcils arqués, la jeune fille suivit sa pensée, puis secoua la tête avec un peu de dédain, disant : « Non. Cela ne semble pas être une sorte d'armement que je connaisse. Est-ce une bonne arme ?

"Le meilleur qu'il y ait une nuit comme celle-ci, avec une fille comme toi."

Sa bouche était chaude, douce et humide sous la sienne. Ses lèvres retinrent les siennes pendant un long moment avant de la lâcher. Elle ouvrit lentement ses yeux aux longs cils, le fixant.

"Ce n'est pas une arme", accusa-t-elle doucement. Elle leva les bras et baissa à nouveau la tête, murmurant : "... mais j'aime ça. Je devrais vraiment l'étudier davantage."

Cette fois, c'était la fille dont les lèvres s'accrochaient.

Jonathan rit : "Pour un Zarathzan , on comprend assez vite."

"Je suis une scientifique", a-t-elle rétorqué.

Nichée dans ses bras, ses cheveux inondant sa poitrine et ses épaules, Adatha Za a déclaré : « J'aimerais… j'aimerais que toi et moi puissions retourner ensemble à Zarathza , Jonathan Morgan. Dans ma villa au bord de la mer de Jaralayan , j'adorerais étudier. ton arme à baiser. C'est une très belle arme, même si elle me fait un peu peur.

Elle haleta soudainement et essaya de s'asseoir, mais les longs bras de Jonathan la retenaient.

"Maintenant, qu'est-ce qui te ronge ?" il voulait savoir.

« Ce baiser… combien de fois as-tu expérimenté cette arme sur Terre ?

Jonathan rit, "La prochaine fois tu me diras que je le fais comme un expert !"

La tête sur le côté, Adatha Za l'observait. Finalement, elle hocha la tête d'un air pervers, riant un peu.

"Oui, je pense que oui. Et personne n'est jamais devenu parfait sans pratique !"

"N'oubliez pas. Shar Bytu a fait de moi un perfectionniste."

Adatha Za soupira en se blottissant dans ses bras et murmura : "Il y a certaines choses, Jonathan Morgan, que même l'évolution ne peut pas faire."

IV

Adatha Za est venue le chercher le lendemain pour l'accompagner à l'Arène. Ses yeux étaient sombres et enfoncés, sa douce bouche rouge frémissante. Ses cheveux pendaient librement, non coiffés . Elle vint dans ses bras et l'embrassa ; se recula pour le regarder en face, tremblant.

"Je suis contente pour la nuit dernière", murmura-t-elle. "Même si j'avais de l'espoir – un jour, dans ma villa au bord de la mer de Jaralayan …"

Elle enfouit son visage contre sa poitrine, le déplaçant lentement d'un côté à l'autre, distraite.

"Hé," glapit Jonathan, levant son visage avec un doigt sous son menton. "Pourquoi cette tristesse ? Je pensais que nous avions décidé hier soir que j'avais une chance."

"Vous l'avez fait hier soir. Aujourd'hui... aujourd'hui, Shar Bytu a annoncé que le vainqueur de la monomachie mentale tenterait les ombres noires ! Alors..."

"Oof," grogna Jonathan, "ça fait en quelque sorte tomber les échasses sous un gars. Peu importe qui gagne, les deux mourront, à moins que... non, l'âge des miracles soit révolu il y a longtemps. Qu'est-ce que Morka Kar dit à ça ?"

"Oh, il a déliré et juré, mais il n'a rien osé faire pour désobéir. Après tout, c'est un scientifique, et il est là pour combattre ces flammes. Même lui ne peut pas espérer combattre tous les scientifiques de Neeoorna en ce moment. Je — je "Je pense qu'il va temporiser. Faire déclarer match nul par la monomachie . Cela lui permettra de sauver la face et la vie en même temps."

"Je vais gagner si je peux", dit lentement Jonathan. "Je n'aime tout simplement pas ce type."

Ses longs ongles mordaient la chair de ses poignets. Sa voix était rauque, désespérée : « Par la progéniture de Lallista , Jonathan ! Ne le mettez pas en colère. Votre seule chance réside dans la volonté de Morka Kar de vous épargner afin qu'il puisse s'épargner lui-même. S'il perd son caractère... Jonathan, je veux vous vivant."

Il lui tapota l'épaule nue en souriant.

"Je verrai toujours cette villa sur la mer, chérie. Ne t'inquiète pas pour ça. Mais il est temps de partir, maintenant. Je ne veux pas que cette affaire soit annulée par forfait."

Ils marchèrent lentement, main dans la main, le long du chemin de galets jusqu'au grand Amphithéâtre blanc. Il s'élevait haut et sombre, dominant la jolie place qui faisait face à son entrée. La place était déserte. Leurs pas résonnaient fort à leurs oreilles.

Ils montèrent les marches et franchirent la porte ovale. Seuls, ils empruntèrent le couloir noir en direction de l'arène.

Les sièges étaient remplis, à l'intérieur de la salle de l'arène. Les batteries de dix mille yeux se tournèrent vers Jonathan alors qu'il se dirigeait vers le grand fauteuil en ivoire posé sur le terrain sablé. Il savait que Morka Kar l'observait depuis le trône d'ébène en face de la chaise d'ivoire, mais il serait damné avant de jeter un coup d'œil dans sa direction !

Jonathan s'installa sur le siège avant de regarder son adversaire. Morka Kar était assise face à lui, les deux bras reposant sur les bras en ébène. Sa bouche fine était tordue en un sourire sardonique. Ses yeux rouges brillaient de haine.

Adatha Za s'avança avec un coffre oblong, orné de bijoux. Tombant à genoux, elle déverrouilla le couvercle et l'ouvrit. À l'intérieur, rangées après rangées, des flacons et des cornues scintillants contenant des liquides et des poudres, ainsi que de longues barres et aiguilles métalliques.

Au-dessus des épaules nues d' Adatha Za, Jonathan regardait une danse paravienne à trois pattes se diriger vers Morka Kar. Le Paravien portait également un cercueil de monomachie .

Adatha Za parla rapidement : "Comme vous voyez la forme de son arme, combattez-la. Utilisez l'antidote. Sans le savoir," elle s'étouffait maintenant, sanglotant presque, "ne le sachant pas, attaquez l'arme avec votre esprit. Elle a une existence, mais c'est une existence mentalement énergique. L'énergie mentale peut la dissiper si elle est suffisamment forte. Ce n'est pas considéré comme une bonne forme, mais c'est sûr.

Les yeux sombres brillaient à travers les larmes alors qu'elle le regardait.

"Adieu", murmura-t-elle.

Et s'est retourné et s'est enfui.

Morka Kar étendit un pied et ferma d'un coup de pied le couvercle du coffre devant son trône. Le *bruit* du couvercle qui se fermait résonna fort dans la chambre haute, se mêlant au halètement haletant qui secoua la foule. Seulement un sans maths Le combattant de la monomachie a méprisé l'aide de la boîte.

Jonathan regarda Morka Kar et sourit.

Il a sorti son propre pied et a claqué le couvercle. Il saisit vaguement, dans quelque recoin reculé de son cerveau, l'étonnement qui tenait les spectateurs. Ils ne savaient pas, comme Adatha Za, que le contenu de cette boîte était autant un mystère pour Jonathan que les ombres noires. Il serait mieux sans ça. Cela lui donnait moins de choses à penser et il avait besoin de tous ses pouvoirs de pensée.

Morka Kar grogna. Ses yeux se tournèrent vers Jonathan—

Des boules violettes pendaient dans les airs devant le Zarathzan !

Ils scintillaient et scintillaient, remplis de brumes opalescentes de vert, de rouge, de blanc et de violet. Ils dansaient étrangement, comme s'ils étaient ivres, comme au son d'un joueur de cornemuse extraterrestre. Ils rebondissaient et se balançaient sur des cordes invisibles dans une sarabande sauvage et étrange. Ils se tournèrent vers l'extérieur, tournant en rond.

Puis il s'est précipité directement sur Jonathan.

Jonathan a déployé toute la puissance mentale dont il disposait dans sa défense, mais la première bulle ne s'est pas brisée avant d'arriver à moins d'un mètre de lui. Les autres se sont ensuite facilement effondrés.

Jonathan fronça les sourcils et un pistolet automatique flottait dans les airs devant lui. Il se transforma en brumes grises et disparut, frappé par un éclair de feu liquide.

Morka Kar éclata de rire, "Fais mieux, Terrien. Nous, de Zarathza , avons oublié des armes comme celle-là."

Une brume de teinte incolore frémissait devant le Zarathzan . Il ne s'agissait que d'une brume thermique ; mais quand il vit les déchets sablonneux à l'intérieur du miroitement, quand il vit l'océan gris et onduleux au lieu du sable, et vit l'océan se transformer en flammes rugissantes, il sut qu'il avait en face une arme totalement étrangère à la pensée terrestre.

Ses jointures se gonflèrent jusqu'à ce que la peau qui les recouvre blanchisse sous la fureur de sa concentration. Haletant, il vit les reflets s'estomper.

Il lança un faisceau d'ondes radio ; je les ai vu frapper un rayon de puissance similaire et se briser, inutiles. Il a jeté de l'acide. Il a rencontré un alcali. Il lança une balle et la regarda fondre dans un bouclier de chaleur qui transforma le plomb en fumée.

Pendant ce temps, le Zarathzan le narguait en criant : « Singe. Retourne dans les jungles torrides de ta planète, singe. Nous n'avons pas besoin d'un cerveau lâche ici. Retourne, singe !

Un triangle rouge s'est formé dans les airs devant Morka Kar alors même qu'il parlait. Il brillait et brûlait de feux verts de l'enfer. Jonathan y jeta de l'eau et les feux verts firent rage et grandirent et s'étendirent, se nourrissant de l'eau.

Jonathan frémit lorsqu'il finit par les éteindre. Des gouttes de sueur froide montaient sur son front. Il devenait de plus en plus faible. Son cerveau ne pouvait pas supporter cette punition. Il l'avait trop soumis . Cela céderait, bientôt. Il n'était pas conditionné, comme l'était celui de Zarathzan .

Il pensa brièvement à la nuit dernière, avec la bouche d' Adatha Za brûlante sous la sienne. Ne plus jamais connaître cette bouche ! Elle avait confiance en sa force, en ses vantardises. Elle lui avait parlé de sa villa au dessus de la mer. Maintenant, il allait la laisser tomber. Il s'était vanté d'être un Mickey Finn . Des coups de poing américains. Quelle plaisanterie grossière. Il avait même mentionné...

Jonathan se redressa. Il pensait.

Quand Morka Kar a vu le club dans ses mains, il a hué.

"Une massue ! Le singe a trouvé une massue avec laquelle tuer. Lallista ! Il plaisante."

Jonathan balançait le bois dans ses mains avec une familiarité facile. Il le souleva au-dessus de ses épaules, puis le fit vicieusement. Il y a eu une soudaine *éclaboussure* .

Morka Kar, riant toujours de sa dérision, s'effondra et tomba du siège en ébène.

Jonathan découvrit que ses genoux tremblaient. Il s'assit rapidement.

Adatha Za accourut, sanglotant et riant.

"Vous l'avez battu. Vous l'avez battu. Quelle arme étrange. Qu'est-ce que c'était ? Morka Kar pensait que ce n'était qu'un gourdin. Il n'a pas daigné y consacrer ses forces mentales. Mais vous l'avez trompé !"

Jonathan leva le bois et le secoua en riant : " C'est ce qu'on appelle en Amérique une batte de baseball. Un cogneur de Louisville. Le vieux caryer, le frêne. Et la chose qui a frappé Morka Kar était une balle de baseball. Dieux ! Une plaisanterie , il je l'ai appelé."

Shar Bytu regarda Morka Kar puis Jonathan en disant : « Vous devez le détruire. C'est la grande règle de la monomachie mentale .

Mais Jonathan secoua la tête avec lassitude.

Shar Bytu baissa les yeux sur le Zarathzan . Il semblait presque apprécier ce qu'il faisait. Mais ce fut fini en un instant. Quelques grains de poussière se sont déposés au sol . Jonathan se sentait malade.

Les autres se rassemblèrent autour de lui. Leurs voix étaient excitées.

"Une nouvelle arme pour combattre les flammes."

"Le Terrien a résolu notre problème."

"Si cela déroute un combattant monomachie comme Morka Kar, cela pourrait fonctionner sur les flammes."

Jonathan essaya d'expliquer, en regardant leurs visages.

"Non, non," cria-t-il, dénigrant leurs pensées. "Ce n'est pas une arme. C'est un sport que nous pratiquons sur Terre. Je... c'est... la batte est utilisée pour frapper une balle. Morka Kar ne le savait pas. Il pensait que c'était juste un club.

"Heureusement, j'ai pu décider de mon tir. Une balle droite et rapide. Pas une courbe. Une ligne droite—"

Jonathan cligna des yeux. Il s'arrêta, s'étouffant ; les yeux écarquillés.

"Peut-être", murmura-t-il. "Peut être-"

Les autres se turent et regardèrent. Ils sentaient son intense excitation, voyaient ses mains trembler et la façon dont ses lèvres se contractaient. Adatha Za s'accrochait à son bras et ses yeux étaient des flaques de faim violette.

Ce n'était pas encore fantastique.

Tout dépendait des lignes droites et des courbes, et de la question de savoir si une ligne droite pouvait un jour être courbée. La distance la plus courte entre deux points. Si la ligne droite pouvait être déplacée pour tourner, alors il avait tort.

Mais s'il avait raison ! Si ce type de rectitude *ne pouvait pas* se courber, alors il pourrait alors se frayer un chemin à travers un univers basé sur quelque chose qui devrait se courber : la lumière.

Le Dr Wooden et lui avaient fait de grands progrès dans leurs expériences sur les rayons lumineux dérivés du calcatryte . Ils avaient exploré la théorie quantique, appliqué une lumière homogène sur une plaque métallique et observé les électrons qu'elle en extrayait. Cette énergie lumineuse avait été partiellement transformée en énergie cinétique des électrons du métal bombardés.

À partir de là, il y avait eu un pas de plus vers la découverte que le calcatryte produisait une pluie de photons d'une concentration si terrible qu'elle dévorait la plaque métallique ; n'avaient donné aucune preuve d'arrêt jusqu'à ce qu'ils aient construit l' écran de plasticite : noir pur, recouvert d'une fine poussière de calcatryte elle-même.

Ils n'avaient aucun moyen de savoir si les rayons s'arrêtaient exactement à l'écran. Ils pourraient continuer encore et encore. Et s'ils mangeaient le métal, libérant les électrons qui le composent, ils pourraient manger l'univers !

Jonathan frémit et regarda autour de lui.

Il connaissait son parcours, désormais. Mais pour le prouver...

Il a dû passer par les flammes !

"Vous avez proclamé que le vainqueur de la monomachie mentale passerait par les flammes, Shar Bytu ", a-t-il déclaré. "En tant que vainqueur et représentant de la Terre, je revendique ce droit."

Shar Bytu le regardait et ses yeux étaient comme des taches de clair de lune froid. Soudain, ils scintillent.

"Le droit vous appartient, Terrien. Et quelque chose me dit que vous pourriez, enfin, être celui qui réussira. Je l'ai lu dans votre esprit. Oui, votre théorie est bonne. Penser que cette menace vient de la Terre. De la petite Terre barbare et non civilisée. »

Il s'éloigna en se dandinant, sa lourde tête reptilienne bougeant d'un côté à l'autre.

Adatha Za pressa ses joues brûlantes contre la poitrine de Jonathan. Sa voix était basse, troublée : « Comment vas-tu combattre les flammes, Jonathan ? Quelle arme existe-t-il pour les détruire ?

"Aucune arme sous toutes les étoiles et sous tous les soleils ne peut détruire les ombres, Adatha Za. Elles sont extraterrestres. Le seul espoir qui reste est de les éteindre."

Il surgit rapidement du sol sablé de l'arène. Sous lui, pendant un long instant, il vit Adatha Za avec son joli visage tourné vers le haut : les mains jointes entre ses seins, la bouche rouge mordue jusqu'à enfler, les yeux sombres embués. Shar Bytu se tenait à côté d'elle, sa peau écailleuse effleurant son bras nu. Les autres étaient regroupés par deux ou trois : silencieux et immobiles, le regardant.

Combien de temps ils sont restés là, Jonathan ne l'a jamais su. Son esprit était entièrement occupé dans un effort furieux d'une incroyable puissance de concentration : forcer son corps à suivre un schéma rigide et étranger dont son esprit savait qu'il suffirait à lui seul à le protéger du désastre.

Une lumière qui n'a jamais dévié de son chemin droit et impitoyable. Une lumière qui absorberait la matière, qui en ferait jaillir un flux d'électrons, libérant les électrons dans une explosion de puissance qui se nourrirait de la substance qu'elle touchait. Telles étaient les ombres noires !

Et tandis qu'il se précipitait vers les flammes, il força son corps à se transformer en faisceaux de lumière, rigides et inflexibles. Il devait fusionner avec les flammes, ou être détruit.

Il se précipita vers la gueule d'ébène qui tremblait et brillait et se gonflait dans l'obscurité de l'espace comme une goutte de gelée translucide.

Il tendit les mains comme un plongeur qui s'enfonce dans l'ombre. Le mouvement l'a aidé à se concentrer sur la rectitude. Le vent et l'obscurité l' entouraient , léchant sa silhouette légère . Le long de sa poitrine et de ses cuisses , les flammes se touchaient, se caressaient.

La noirceur, c'était lui-même, maintenant ; une partie de lui, un segment de son esprit, une partie de son corps.

Et il continua rapidement.

Vers son objectif.

Sur la planète Neeoorna , Adatha Za connaissait le goût salé de ses larmes. Ses lèvres rouges étaient gonflées par les marques de dents profondément enfoncées dans leur douceur. Ses seins se soulevèrent rapidement.

Les autres se tenaient autour d'elle et leurs esprits étaient vides.

À ce moment-là, ils comprirent, mais la joie et la crainte étaient plus fortes que la simple connaissance.

Les ombres noires clignotèrent une fois. Ils firent de nouveau un clin d'œil, fugace.

Puis ils ont disparu.

V

Le Dr Wooden resta silencieux tandis que Jonathan Morgan retirait sa main de l'interrupteur qui faisait couler un bain de chaleur sur les blocs de calcatryte placés dans leurs berceaux métalliques. Le bourdonnement des moteurs s'est arrêté. L'écran noirâtre en arrière-plan devint silencieux, mort.

"Eh bien," dit le Dr Wooden en se redressant. "Bonjour."

Jonathan s'assit et tendit une main tremblante pour attirer vers lui un paquet de cigarettes ouvert.

"J'étais loin," dit-il lentement. "De l'autre côté de l'univers. À des milliards de kilomètres, et pourtant... dans votre propre cour."

Le Dr Wooden sourit et s'assit sur le bord de la table en grès. Il alluma lui-même une cigarette en disant : « Dis-moi.

Jonathan lui a dit. Et puis il a dit : "Cela semble assez compréhensible, vraiment. Ces pouvoirs que je possède. Que sont-ils, sinon une adaptabilité innée à l'environnement. Et n'est-ce pas le véritable objectif de la Nature ?

"L'environnement est ce qui détruit, c'est ce qui affaiblit, c'est ce qui tue. Appelez-le un haut fourneau. Appelez-le une maladie. Appelez-le un tigre griffu. Il est néanmoins notre environnement : temporaire ou permanent. Pour survivre à cela, l'homme doit être immortel, au sens physique. Dans le sens où il possède *en lui-même* tous les attributs nécessaires pour lui permettre de surmonter cet environnement. C'est ainsi que réside l'immortalité.

Le Dr Wooden regarda le bout brillant de sa cigarette. Il dit : "C'est assez clair. C'est fantastique, mais qui sait quels changements un million ou deux millions d'années apporteront à l'homme. Dieu sait, cela a apporté beaucoup de changements sur Terre elle-même ! Maintenant, à propos des flammes..."

Jonathan écrasa sa cigarette.

"C'étaient les émanations du calcatryte . J'ai fini par m'en rendre compte. Cela allait de soi. Il devait s'agir de quelque chose d'étranger à un univers où la lumière se courbe. Quelque chose qui soit dévorait la matière, soit la rendait invisible, soit ouvrait une porte pour qu'elle fuit. quelque part, dans le néant.

" Calcatryte émet une lumière directe, si puissante qu'elle ronge le métal. Elle pourrait tout aussi bien ronger la terre et la roche, la lune d'une planète, la planète elle-même. À travers l'univers, en bref. Dans un univers basé sur la courbe " La lumière, cette lumière inflexible était une anomalie. Elle a dévoré notre univers, ou a commencé à le faire. "

"Encore une fois, c'est assez clair. C'est raisonnable et possible. Mais lorsque vous êtes entré dans l'ombre et que vous les avez traversés, vous avez émergé ici dans mon laboratoire. Mais mon laboratoire est à des milliards et des milliards de kilomètres de Neeoorna . "

Jonathan grogna : "En termes d'espace ordinaire, oui. J'ai traversé l'hyperespace."

"C'est un concept mathématique."

"Je sais. Mais nous... vous avez prouvé que cela existait. Cela a été prouvé mathématiquement."

Le Dr Wooden avait l'air dubitatif. Jonathan prit un crayon et appuya la pointe sur un morceau de papier millimétré.

"Cette marque noire, ce point, est unidimensionnel. Prolongez une ligne de ce point à un autre point. La ligne est également unidimensionnelle. Mettons le crayon sur la ligne, remplaçons la ligne avec le crayon. Puisque le crayon a trois dimensions, la ligne aussi, car le crayon est la ligne.

"Supposons un objet *à n* dimensions. Remplacez le crayon par l' objet *à n* dimensions et nous obtenons une ligne *à n* dimensions. C'est un espace *à n dimensions de points à n* dimensions, au lieu de notre définition originale d'une ligne comme d'un seul objet. espace dimensionné de points définis dans une rangée.

"L'espace ordinaire est appelé tridimensionnel parce qu'il est occupé par des objets tridimensionnels. Des avions, par exemple. Mais si nous parlons de lignes de sphères ou de cercles, nous pouvons facilement entrer dans le domaine de la n- *dimensionnalité* .

"L'inconvénient est que nous ne pouvons pas le voir. Nous ne pouvons pas imaginer *la n* -dimensionnalité.

"Par conséquent, nous avons toujours été intrigués par la multidimensionnalité parce que nous ne pouvons pas nous l'imaginer. Mais les rayons calcatrytes n'ont pas été gênés par un manque d'imagination. Ils ont simplement zoomé dans un espace à n dimensions et ont fini par se diriger vers un espace *à n dimensions*. près de Neeoorna . C'étaient des lignes, rappelez-vous, des lignes droites. Et les lignes peuvent être *à n* dimensions.

Le Dr Wooden se frotta le menton et dit : « C'est possible, c'est possible. Mais comment l'hyperespace résout-il votre problème ?

"Un point à l'intérieur d'un cercle peut sortir de ce cercle sans traverser sa circonférence. De même, je pourrais passer de l'intérieur vers l'extérieur d'une sphère sans passer par la surface d'un objet à quatre dimensions.

"Ces rayons calcatrytes ont rayonné depuis votre laboratoire vers l'hyperespace, traversant l'espace ordinaire sans le toucher, et sont apparus à des milliards de kilomètres. Quand je suis entré dans l'ombre, j'ai suivi leur course."

Le Dr Wooden inspira profondément en disant : « Si je ne vous avais pas vu se matérialiser de nulle part… » et s'interrompit en riant.

"La vue y entre, n'est-ce pas ? Mais les tentatives qui ont été faites pour combattre les ombres ! Pourquoi les assaillants étaient-ils toujours détruits ? À moins que... à moins que leurs armes ne se retournent contre eux..."

"C'est ce que je pensais. Ils tiraient sur des objets tridimensionnels dans un espace à n dimensions. Les objets tridimensionnels n'arrivaient jamais nulle part. Ils n'ont même pas quitté leur source. Ils ont dépensé leur énergie effrayante là où ils ont commencé."

"Eh bien", marmonna le Dr Wooden. "On pourrait parler pendant des heures sans rien *prouver*."

Il s'interrompit et regarda Jonathan. Il prit un maillet en bois et le lui tendit.

"Détruisez-le", dit-il simplement. "Si cela représente un tel danger pour l'univers, il mérite d'être anéanti."

Jonathan tendit la main et écarta le maillet.

Il se pencha sur la table, posant ses deux mains dessus, supportant partiellement son poids.

Le calcatryte dans les berceaux métalliques commença à frémir comme s'il était constitué d'un liquide soluble en mouvement. Leurs veines coulaient dans des canaux de couleurs, rouge et vert et bleu et jaune. Les blocs se tordaient.

Le calcatryte s'estompait peu à peu.

Jonathan se leva. Il avait l'air épuisé, mais ses lèvres souriaient.

"C'est fait", murmura-t-il.

"Tu ne resteras pas ?"

Un sourire vint s'installer sur les lèvres de Jonathan.

"Non," dit-il. "Non, je ne resterai pas. Je retourne à Neeoorna , puis à Zarathza pour admirer le lever du soleil qui se lève sur les eaux de la mer de Jaralayan ."

Il sortit et la porte se referma derrière lui doucement.